딸에게 주는 결혼선물

딸에게 주는 결혼선물

초판 1쇄 발행 2018년 8월 2일
2쇄 발행 2025년 12월 10일

지은이 임용일
그림 정지은
펴낸이 이기봉
편집 좋은땅 편집팀
펴낸곳 도서출판 좋은땅
주소 서울특별시 마포구 양화로12길 26 지월드빌딩 (서교동 395-7)
전화 02)374-8616~7
팩스 02)374-8614
이메일 gworldbook@naver.com
홈페이지 www.g-world.co.kr

ISBN 979-11-6222-597-4 (12590)

딸에게 주는 결혼선물

아빠가 직접 경험한 실질적인 '집밥' 레시피

레시피 임용일
그림 정지은
편집 임정하

좋은땅

프롤로그

내 이상형은 우리 아빠야 아빠 같은 사람 만나면 결혼해야지 어렸을 때부터 입버릇처럼 하던 소리다.

나는 지금 아빠와 닮은 꼴 남자를 만나 결혼을 앞두고 있다.

아빠는 우리 집안에 든든한 기둥이자 만능 맥가이버 같은 존재이다. 못하는 것 하나 없는 아빠는 엄청나게(가끔은 과하게) 가정적이며 젊은시절 멋지게 기업을 이루셨던 사업가이자 시인이자 요리사이다. 파는 음식 중 아빠 요리 보다 맛있는 음식은 몇 없을 정도로 우리 아빠의 요리는 쉐프 수준.

장기간 여행을 가거나 맛없는 음식을 먹을 때면 항상 '우리 아빠가 만든 거는~' '아빠 밥 먹고 싶다~' 노래를 부른다.

(그렇다고 엄마가 요리를 못하는 건 절대 아니다. 오해 말기를)

정말 신기하게 오늘은 갈비가 먹고 싶은데 라고 생각하면 갈비구이가 뜨든! 아 오늘은 뭔가 엄청나게 매운 게 먹고 싶다 하면 매콤하고 칼칼한 조개 비빔장이 따닥! 입맛이 없는데 입맛 돋우는 뭔가 없을까 하면 튀김 중 제일 아빠표 고추튀김(이건 경아랑 가혜가 제일 좋아한다)이 두둥! 몸이 좀 허한 거 같아.. 하면 삼계탕, 감자탕, 전복죽 각종 몸보신 요리가 뙇뙇뙇!!!

아빠와 나는 특히나 음식에서 엄청난 텔레파시를 발휘한다. 에너자이저인 나의 체력은 아빠의 요리로 만들어졌다 해도 과언이 아니다.

라면 하나 제대로 끓이지 못하는 딸이 결혼한다고 하니 걱정이 되서인지 맛있는 신혼생활을 위하여 손수 써주신 레시피를 가지고 아빠의 버킷리스트 중 하나인 요리책을 나의 버킷리스트 중 하나인 첫 번째 책 출판을 이루게 되었다.

허접한 디자인 실력으로 화려하게 만들어볼까 촬영을 해볼까 등 고민을 해봤지만 간편하게 내가 실질적으로 참고하여 요리할 수 있는 책이 되도록 편집해 보았다.

요리 가이드가 너무 간단하거나 친절하지 못하더라도 이해하기 바란다. (아빠는 모든 요리에 계량컵을 사용하지 않는다)

결혼, 지금 이 모든 것을 가능하게 해 준 내 인생의 동반자 이동욱

세상에서 가장 현명한 나의 정신적 지주 우리 엄마

존재만으로도 든든한 내 동생

그리고 이 책의 주인공

아빠 사랑합니다.

p.s. 직장동료로 만나 오작교 역할에 모자라 멋진 그림까지 그려준 최고의 일러스트레이터가 될 내 평생 친구 정지은 나의 촐, 감사합니다.

레시피

기본양념

- 소금 : 굵은소금(천일염), 꽃소금
- 설탕 : 하얀설탕, 노란설탕
- 기름 : 식용유(콩), 올리브유, 참기름, 들기름,
- 젓갈 : 멸치액젓, 까나리액젓
- 장류 : 고추장, 된장, 진간장, 국간장, 양조간장
- 가루 : 고추가루, 후추가루, 들깨가루, 밀가루, 튀김가루, 부침가루
- 기타 : 다진마늘, 깐마늘, 다진생강, 물엿, 맛술, 소주, 포도주, 청주, 매실액, 토마토케찹, 마요네즈

측정용기

▌ 숟가락 : 양념류 측정

▌ 종이컵 : 기타 식자재

▌ 포장지 : 호일(알루미늄, 종이), 크린랩, 위생비닐봉지

주의사항

▌ 모든 양념류는 밥숟가락 기준임

▌ 양이 많은 양념일 경우 종이컵 기준임

▌ 모든 양념의 간은 기호에 따라 적절히 조절하여야 함

● 동그라미 강력추천 레시피

1. 밥

쌀(백미)밥

버섯밥

잡곡(오곡)밥

콩나물밥

찹쌀밥(생일밥)

밥류

준비재료

쌀(백미)

잡곡(오곡)

찹쌀밥(팥)

버섯

콩나물

핵심 포인트

- 모든 종류의 밥은 전기 전자(압력)밥솥의 메뉴, 물 조절 눈금을 이용

- 버섯밥과 콩나물밥은 비빔양념장이 중요
양념장 조리 참조

조리순서

1 쌀밥 : 쌀을 2~3번 정도 씻어 처리(세게 씻지 말것)

2 잡곡밥 : 잡곡은 하루 전 물에 불려 백미와 함께 처리

3 찹쌀밥 : 백미밥보다 반눈금 줄여 처리

4 생일밥 : 팥을 씻어 푹 삶은 후 삶은 물과 함께 찹쌀밥과 같이 처리

5 버섯밥 : 백미 밥과 동일하게 처리

6 콩나물밥 : 씻은 쌀 위에 콩나물을 넣고 백미밥보다 한눈금 줄여 처리

2. 국(탕)

미역국

소고기국

콩나물국

우거지 된장국

시금치(아욱)국

감자양배추 된장국

계란국

북어(오징어) 무우국

쑥(냉이)국

미역국(소고기, 조개류, 생선류)

준비재료

미역(건), 미역(생) : 택1

소고기, 조개류, 큰조개 : 택1

참기름, 국간장, 멸치액젓

굵은소금(천일염),

소주

핵심 포인트

- 생미역으로 조리 할 경우 조리순서 ①번 생략후 동일

- 광어, 도다리, 가자미 미역국은 반드시 미역을 볶은 다음 물을 붓고 끓은 상태에서 생선을 투입하여 끓임 (소주)

조리순서

1. 미역(건) 적당량을 물에 담가 불린다 2시간
2. 불린 미역을 강하게 씻어 (2번)
   물기를 뺀 다음 적당히 칼(가위)썬다
3. 국 냄비(솥)에 참기름 을 넣고 불에 달군다
4. 달군 냄비에 소고기(조개류)
   소주 를 넣고 볶는다 2분
5. 물기 뺀 미역, 국간장 , 굵은소금을 함께 넣고 볶는다
6. 바글바글 끓기 시작하면 2리터 물을 넣고 끓인다 10분
7. 끓기 시작하면 떠오르는 거품 및 참기름 등을 걷어낸다
8. 약한 불로 끓이면서 기호에 따라
   간(국간장, 멸치액젓)을 맞추면 완성

소고기국

준비재료

소고기(양지, 반근/300g)

무우, 콩나물, 숙주나물, 양파, 파

고무마줄기, 우엉대 등(택)

국간장, 참가름, 고추가루, 다진마늘

청량고추, 굵은소금, 소주

핵심 포인트

- 소고기(양지) 핏물 제거
- 콩나물 머리부분 제거, 무우는 얇게 사각모양으로

조리순서

1 소고기를 물에 담가 핏물을 제거 ⓢ30분
손으로 짜서 물기제거

2 무우, 양파 잘게 썰어 놓고 콩나물은 머리제거 손질한다

3 국 냄비(솥)에 적당량 참기름, 다진마늘Ⓢ을
넣고 불에 달군다

4 달군냄비에 소고기, 고추가루,
소금Ⓢ를 넣고 볶는다 ⓢ2분

5 무우, 양파, 콩나물, 숙주, 청량고추(3~4개),
국간장Ⓢ 넣는다

6 2리터 물과 소주Ⓒ을 붓고 뚜껑을 닫고 끓인다 ⓢ5분

7 끓기 시작하면 뚜껑을 열고 대파, 후추,
고추가루를 넣고 끓인다

8 약한 불로 끓이면서 간(국간장)을 맞추면 완성

콩나물국과 무침

준비재료

콩나물(1봉지)

조개류(바지락) : 선택

대파, 고추가루, 국간장

참가름, 굵은소금(천일염)

핵심 포인트

뚜껑을 닫고 끓여야 한다

조리순서

1. 콩나물을 깨끗이 씻는다
바지락이 있으면 물과 소금으로 해감한다

2. 국 냄비(솥)에 콩나물, 굵은소금
물 1리터를 넣고 끓인다

3. 끓기 시작하면 콩나물 2/3를 건져낸다

4. 콩나물을 건져낸 후 마진마늘
대파(조금)를 넣는다

5. 바글바글 끓기 시작하면 약한 불로 전환, 완성

❶ 건져낸 콩나물에 국간장, 참기름, 고추가루, 대파

❷ 함께 넣고 조물조물 무쳐내면 콩나물 무침 완성

우거지(배추) 된장국

준비재료

우거지(배추)

다시멸치

청량고추, 다시마

된장

국간장

핵심 포인트

- 생배추 1포기를 삶아서 남은 것은 냉동실에 보관
- 소고기, 들깨가루를 활용하기도 하지만
담백하고 깔끔한 시원 맛이 없음

조리순서

1. 배추 1/4포기 ⏱5분 삶아
찬물에 헹궈서(3번) 짜서 썰어놓는다

2. 다시멸치(10개정도), 청량고추(3~4개),
된장, 다시마 2조각

3. 국 냄비(솥)에 물 2리터 같이 넣고 끓인다 ⏱15분

4. 함께 끓인 내용물을 그물망으로 모두 걸어낸다

5. 내용물을 뺀 다시 물에 ①번을 넣고 푹 끓인다 ⏱10분

6. 간 조절은 국간장이나 소금으로 하면 완성

시금치(아욱) 된장국

준비재료

시금치, 아욱 택1

다시멸치, 된장

멸치액젓, 국간장

굵은소금(천일염)

핵심 포인트

- 시금치 손질은 가위로 꼭(뿌리)부분을 잘라 손질

- 시금치와 아욱은 데쳐낸 후 찬물에 행궈 물기제거 후 활용

조리순서

1 시금치(1단)에 굵은 소금 🥄 넣고
끓은 물에 데쳐 ⏱30초 물에 헹굼

2 다시멸치(10개정도), 청량고추(3~4개),
된장 🥄🥄🥄, 다시마 2조각

3 국 냄비(솥)에 물과 같이 넣고 끓인다 ⏱15분정도

4 함께 끓인 내용물을 그물망으로 모두 걸어낸다

5 내용물을 뺀 다시물에 1번을 넣고 푹 끓인다 ⏱5분

6 간 조절은 국간장, 액젓, 소금으로 기호에 따라 하면 완성

감자양배추 된장국

준비재료

감자, 양배추, 된장

다시멸치, 청량고추

참기름, 국간장

굵은소금(천일염)

핵심 포인트

생미역으로 조리 할 경우 조리순서 1 번 생략

조리순서

1. 감자(4~5개)를 껍질 제거, 양배추(1/5통),
적당한 한입크기로 자른다

2. 다시멸치(10개정도), 청량고추(3~4개),
된장, 다시마 2조각

3. 국 냄비(솥)에 물 2리터 같이 넣고 끓인다 15분정도

4. 함께 끓인 내용물을 그물망으로 모두 걸어낸다

5. 내용물을 뺀 다시물에 1번을 넣고 푹 끓인다 10분

6. 간 조절은 국간장이나 소금으로 하면 완성

간편 계란국

준비재료

계란, 양파

멸치액젓, 마늘

참기름, 국간장

굵은소금(천일염)

소주

핵심 포인트

- 계란은 별도 용기에 풀어 놓는다 (젓가락 2개로 사용)
- 간은 소금, 액젓대신 새우젓을 이용해도 좋음

조리순서

1. 냄비에 식용유 🥄 을 넣고
자른 양파(3개)를 살짝 볶는다 ⏱1분

2. 물 1리터를 붓고 액젓🥄, 소주🥃 넣고 끓인다

3. 끓고 있는 상태에서 컵에 계란(2~3개) 풀어
끓는 국에 살짝 뿌린다

4. 계란물을 넣고 난 후 끓어오르면
대파 약간 넣으면 완성

북어(오징어) 무우국

준비재료

다시멸치, 다시마, 청량고추

무우, 두부

참기름, 국간장

굵은소금(천일염)

소주

핵심 포인트

다시물 만들 때 소주 (비린내 제거)

조리순서

1 냄비에 2리터, 다시마♀♀, 다시멸치(10~15), 청량고추(2개), 소주🥛 넣고 ◷15분 정도 끓인 후

2 그물채로 내용물을 건져낸다

3 건져낸 다시물에 얇게 자른 무우(1/4)를 넣고 끓인다 ◷10분

4 두부(1/4), 후추를 약간 넣고 끓이면 ◷2분 완성

5 간은 국간장으로

6 여기에 북어 잘게 손질 씻어 참기름에 볶아서 3번에 넣고 끓인다

6 여기에 오징어를 손질하여 자른 후 3번에 넣고 끓인다

쑥(냉이)국

준비재료

다시멸치, 다시마, 된장

쑥(냉이) 택1, 바지락(조개)살

국간장

굵은소금(천일염)

소주

핵심 포인트

다시물 만들 때 소주 (비린내 제거)

조리순서

1. 냄비에 2리터 물, 다시마, 다시멸치(10~15), 된장, 소주 넣고 15분 정도 끓인 후
2. 그물망 채로 내용물을 건져낸다
3. 건져낸 다시물에 깨끗이 손질한 쑥(냉이)을 넣고 끓인다 5분
4. 마지막으로 조개(바지락)살을 넣고 끓이면 3분 완성
5. 간은 국간장으로
6. 기호에 따라 들깨가루 첨가도 가능

3. 찌개(탕)

돼지고기김치찌개

꽁치김치찌개

고등어김치찌개

된장찌개

버섯찌개

고추장 두루치기

동태(생태)탕

소갈비탕

돼지고지 김치찌개

준비재료

돼지고기(찌개부위) 반근(약300g)

김치 1/4쪽, 양파, 청량고추, 대파

식용유, 국간장, 고추가루, 식초

멸치액젓, 다진마늘

소주

조리순서

1. 돼지고기 물에 담가 핏물을 제거 한다 10분

2. 냄비에 식용유, 다진마늘 1/2,
김치를 넣고 볶는다 2분

3. 돼지고기, 소주, 식초 1/2,
고추가루 넣고 볶는다 2분

4. 적당량 물과 김치국물, 청량고추,
양파, 대파 넣고 끓인다 5분

5. 간을 멸치액젓+국간장으로 하면 완성

6. 여기에 두부(1/2)를 잘라 넣어 한번 더 끓여도 좋음

꽁치(통조림) 김치찌개

준비재료

꽁치통조림 1개

김치 1/4쪽, 양파, 청량고추, 대파

식용유, 국간장, 고추가루, 식초

멸치액젓, 굵은소금, 다진마늘

소주

핵심 포인트

물이 끓는 상태에서 통조림 내용물을 넣는다

조리순서

1. 꽁치통조림 1개, 찌개냄비에 식용유⚲⚲을 넣고 달군 다음 김치를 넣고 볶는다 ⏱2분

2. 적당량 물과 김치국물을 넣고 끓으면 통조림 내용물 모두 넣는다

3. 소주🥛, 고추가루, 청량고추(2개), 마늘, 후추를 넣고 끓인다 ⏱3분

4. 간은 소금으로 하면 완성

고등어(통조림) 김치찌개

준비재료

고등어통조림 1개

김치 1/4쪽, 양파, 청량고추, 대파

식용유, 국간장, 고추가루, 식초

멸치액젓, 다진마늘, 굵은소금

소주

핵심 포인트

물이 끓는 상태에서 통조림 내용물을 넣는다

조리순서

1. 고등어조림 1개, 찌개냄비에 식용유을 넣고 달군 다음 김치를 넣고 볶는다 2분

2. 적당량 물과 김치국물을 넣고 끓으면 통조림 내용물 모두 넣는다

3. 소주, 고추가루, 청량고추(2개), 마늘, 후추를 넣고 끓인다 3분

4. 간은 소금으로 하면 완성

된장찌개

준비재료

된장, 다시멸치, 다시마

두부(1/4모) 감자, 양파, 버섯, 다시마

청량고추

국간장, 굵은소금(천일염)

소주

조리순서

1. 냄비에 적당량 물과 함께 다시멸치(12개)와 된장 넣고 소주, 다시마 2조각, 청량고추(2개) 함께 끓인다 10분

2. 끓은 상태에서 모든 내용물을 그물망으로 건져낸다

3. 감자(2개), 양파(1개), 버섯(표고 3개) 등을 잘게 썰어 넣고 끓인다 5분

4. 그 다음 두부를 잘게 썰어 넣고 끓이면 2분 완성

5. 간은 국간장으로

버섯찌개

준비재료

소고기, 버섯(표고, 양송이, 느타리 등)

당면, 양파, 청경채, 대파 등

참기름, 진간장, 국간장

굵은소금(천일염)

소주

핵심 포인트

- 소고기 핏물제거 ⌚10분

- 당면 물에 불림 ⌚20분

조리순서

1. 소고기(양지) 200g, 물에 담가 10분 핏물을 제거 후

2. 냄비에 참기름 , 마늘 ,
소고기, 소주 넣고 볶음 1분

3. 여기에 적당량 물을 붓고 진간장 ,
설탕 1/2 스푼, 각종 버섯

4. 각종야채와 당면 넣고 끓은 3분 후
대파를 넣고 끓이면 1분, 완성

5. 간은 국간장으로

고추장 두루치기

준비재료

돼지고기(목살) 1근(600g), 고추장

다진마늘, 양파, 대파, 청량고추, 버섯

식용유, 참기름, 진간장, 국간장

굵은소금(천일염)

소주

핵심 포인트

돼지고기 핏물제거와 소주(1잔) 필수

조리순서

1. 돼지고기 물에 담가 핏물제거 15분
2. 고추장, 된장 1/2, 다진마늘, 진간장, 매실액, 소주
3. 별도 용기에 함께 넣고 골고루 섞어 양념장을 만든다
4. 달군 냄비에 돼지고기를 넣고 약 80% 익을때까지 볶는다 2분
5. 여기 3과 각종야채를 모두 넣고 볶는다 1분
6. 다음 물 반컵 정도 넣고 끓이면서 고추가루, 후추 약간, 참기름 1/2
7. 넣고 끓여서 걸죽해지면 완성
8. 간은 진간장으로, 설탕은 기호에 따라
9. 상추, 쑥갓 등 야채류와 함께 쌈밥으로

동태(생태)탕

준비재료

동태(2마리), 생태(1마리)

무우, 두부, 양파, 대파, 다진마늘

청량고추, 고추가루, 된장, 국간장

굵은소금(천일염)

소주

핵심 포인트

- 동태 손질은 핏물 및 내장 깨끗이 제거해야 함

조리순서

1. 동태를 물에 담가 손질하여 채에 받혀 물기를 뺀다

2. 냄비에 적당량 물을 붓고 무우(1/5), 된장(1/2), 소금를 넣고

3. 끓고있는 상태에서 동태, 마늘, 소주 넣고 끓어오르면

4. 양파(1), 대파, 청량고추(3개), 고추가루, 두부(1/4) 넣고 끓인다

5. 마지막에 식초를 넣어 한번 끓으면 완성

6. 간은 국간장으로

소갈비탕

준비재료

소갈비(국산, 호주산, 미국산) 1~2kg

무우, 대파, 다시마, 다진마늘

국간장

굵은소금(천일염)

소주

핵심 포인트

- 갈비는 먼저 기름제거 후 물에 담가 핏물 제거
- 핏물제거 후 한번 끓인 후 찬물로 헹구어내어 조리

조리순서

1. 소갈비를 물에 담가 핏물제거 20분

2. 냄비에 물, 갈비(1kg), 무우(1/4), 다시마(2), 대파(1), 소금, 소주 함께 넣고 끓인 5분 후

3. 갈비와 무우만 건져내고 모두 버림

4. 건져낸 갈비를 찬물에 씻는다

5. 건져낸 갈비, 무우, 다진마늘, 국간장, 넣고 끓인다 10분

6. 끓은 상태에서 대파, 후추를 넣고 끓이면 완성

7. 간은 국간장으로

4. 김치

- 배추김치
- 알타리김치
- 무우김치
- 쪽파, 부추김치
- 양배추김치
- 무우미나리물김치
- 열무얼갈이김치

배추김치

준비재료

배추(3포기) 1망, 부추 1단, 쪽파 1단

마늘, 양파, 생강, 고추가루, 멸치액젓

새우젓, 굵은소금

매실액

조리순서

1 절인배추 만들기

- 세로로 4등분한 배추에 소금을 사이사이 넣어 큰대야에 담는다
- 담은 배추에 물(2리터)을 뿌린 후 ⏲ 15시간 둔다
- 절이는 중간상태에서 위와 아래 배추를 바꾸어 주면서 약간 눌러줌
- 배추가 숨이 죽고 배춧잎 하나를 접어보면 뿌러지지 않으면 완성
- 절인 배추를 2~3번 행궈 물기 제거하면 준비 끝

② 김치양념 만들기

- 믹서기에 통마늘(20), 양파(1), 청량고추(5개), 붉은고추(5개), 생강, 멸치액젓, 새우젓, 매실액
- 모두 넣고 갈아놓는다
- 손질한 부추(1/2), 쪽파(1/2), 손가락 마디 길이로 잘라놓는다
- 잘라놓은 야채, 고추가루 , 갈아놓은 양념을 넣고 버무린다
- 골고루 버무리면서 걸죽하지 않으면 멸치액젓을 더 추가
- 걸죽해진 김치양념 완성(짤 경우 생수을 넣어 섞음)

③ 배추김치 담기

- 절인배추에 양념장을 배춧잎 사이사이 적당히 바른다
- 김치통에 무우를 깔고 양념된 배추 노란부의가 위로 가도록 담는다
- 김치통(용기)에 배추김치를 꾹꾹 눌러 담는다
- 모두 담은 김치 맨 위에 푸른 배춧잎으로 펼쳐 덮는다
- 그 위에 굵은 소금으로 적당히 뿌려 용기뚜껑을 닫고 상온에서 1일

④ 배추에 양념장을 버무리면 떨어진 배춧잎들을 모두 모아둔 다음
모아둔 배춧잎을 별도 용기에 약간의 양념장과 참기름 으로
버무리면 겉절이 완성 (필요하면 절인배추 1쪽과 함께)

알타리 김치 (총각김치)

준비재료

알타리 1~2단, 부추 1단, 쪽파 1단

마늘, 양파, 생강, 고추가루, 멸치액젓

새우젓, 굵은소금

매실액

조리순서

1 알타리 1-2단 손질과 절이기

- 알타리 줄기(잎사귀)부분을 잘라낸 후 줄기부위는 씻어 놓는다
- 알타리(뿌리), 감자칼로 껍질을 벗겨, 세로로 4등분한다
- 알타리와 줄기 부분을 그릇에 담고
  소금 으로 섞어준다 5시간
- 약 4~5시간 후 절여진 알타리와 줄기를 2~3차례 행궈 걸망에 받혀 물기를 빼면 완료 10분

② 알타리김치 양념 만들기 (배추김치양념의 1/3정도만 사용)

- 믹서기에 통마늘(20), 양파(1), 청량고추(5개), 붉은고추(5개), 생강, 멸치액젓, 새우젓, 매실액 모두 넣고 갈아놓는다
- 손질한 부추(1/2), 쪽파(1/2), 손가락 마디 길이로 잘라놓는다
- 잘라놓은 야채, 고추가루, 갈아놓은 양념을 넣고 버무린다
- 골고루 버무리면서 걸죽하지 않으면 멸치액젓을 더 추가
- 걸죽해진 김치양념 완성 (짤 경우 생수 넣어 섞음)

③ 알타리김치 담기

- 절인 알타리에 양념을 넣고 버무린다
- 김치통에 알타리 줄기(1/2)를 깔고 양념된 알타리를 담는다
- 모두 담은 김치 맨 위에 줄기(1/2)을 덮고 그위에 양념을 적당히 뿌리고
- 용기뚜껑를 닫고 실온에서 1일 정도 후 냉장보관, 완성

무우김치 (깍두기)

준비재료

무우 2개, 부추 1단, 쪽파 1단

마늘, 양파, 생강, 고추가루, 멸치액젓

새우젓, 굵은소금

매실액

조리순서

1 무우 절이기

- 무우껍집 벗겨 내지말고 합입 크기로 썰어 소금과 함께 버무려 절인다 (4~5시간)
- 절인 무우를 2~3차례 헹궈 물기를 뺀다 10분
- 무우청이 있으면 씻어둔다

② 깍두기김치 양념 만들기 (배추김치 양념의 1/3정도만 사용)

- 믹서기에 통마늘(20), 양파(1), 청량고추(5개), 붉은고추(5개), 생강 , 멸치액젓, 새우젓, 매실액 모두 넣고 갈아놓는다
- 손질한 부추(1/2), 쪽파(1/2), 손가락 마디 길이로 잘라놓는다
- 잘라놓은 야채, 고추가루, 갈아놓은 양념을 넣고 버무린다
- 골고루 버무리면서 걸죽하지 않으면 멸치액젓을 더 추가
- 걸죽해진 김치양념 완성 (짤 경우 생수 넣어 섞음)

③ 깍두기 담기

- 깍두기 무우와 양념을 잘 버무린다
- 김치통에 무우청을 깔고 양념된 무우를 담는다
- 모두 담은 김치 맨 위에 푸른 무우청을 덮는다
- 그 위에 굵은 소금으로 적당히 뿌려 용기뚜껑을 닫는다
- 상온에서 1일 보관 후 냉장보관

쪽파, 부추 김치

준비재료

쪽파 1단, 부추 1단

마늘, 양파, 생강, 고추가루, 멸치액젓

새우젓, 굵은소금

매실액, 청량고추, 홍고추

조리순서

1 쪽파(부추) 1~2단 손질

- 쪽파를 뿌리 부분을 잘라내어 2~3차례 씻는다
- 씻은 쪽파를 잘 털어서 물기를 제거해 놓는다

2 쪽파김치 양념 만들기(배추김치 양념의 1/10 정도만 사용)

- 믹서기에 통마늘(20), 양파(1), 청량고추(5개), 붉은고추(5개), 생강, 멸치액젓, 새우젓, 매실액 모두 넣고 갈아놓는다
- 손질한 부추(1/2), 쪽파(1/2), 손가락 마디 길이로 잘라놓는다
- 잘라놓은 야채, 고추가루, 갈아놓은 양념을 넣고 버무린다
- 골고루 버무리면서 걸죽하지 않으면 멸치액젓을 더 추가
- 걸죽해진 김치양념 완성(짤 경우 생수 넣어 섞음)

3 쪽파김치 담기

- 씻어 놓은 쪽파를 1/2 자른 후 양념과 잘 버무린다
- 여기에 참기름, 통참깨와 함께 버무리면 완성

양배추김치

준비재료

양배추 1통

마늘, 양파, 생강, 고추가루, 멸치액젓

새우젓, 굵은소금

매실액, 청량고추, 홍고추

조리순서

1 양배추(1/4) 절이기

- 겉껍질을 벗겨내어 씻는다
- 뿌리 부분을 제거 후 한입크기로 잘라 놓는다
- 자른 양배추와 소금과 버무려 절인다 30분
- 절인 양배추를 1번 정도 물에 헹구어 놓는다

② 양배추김치 양념 만들기(배추김치 양념의 1/20 정도만 사용)

- 믹서기에 통마늘(20), 양파(1), 청량고추(5개), 붉은고추(5개), 생강, 멸치액젓, 새우젓, 매실액 모두 넣고 갈아놓는다 모두 넣고 갈아놓는다
- 손질한 부추(1/2), 쪽파(1/2), 손가락 마디 길이로 잘라놓는다
- 잘라놓은 야채, 고추가루, 갈아놓은 양념을 넣고 버무린다
- 골고루 버무리면서 걸죽하지 않으면 멸치액젓을 더 추가
- 걸죽해진 김치양념 완성 (짤 경우 생수 넣어 섞음)

③ 양배추김치 담기

씻어 놓은 양배추와 양념과 잘 버무린다

여기에 참기름, 통참깨와 함께 버무리면 완성

무우미나리물김치

준비재료

무우1개, 미나리 1단, 쪽파 1단

마늘, 양파, 생강, 고추가루, 멸치액젓

새우젓, 굵은소금

사과, 배, 청량고추, 홍고추

조리순서

1 무우 절이기

- 무우를 씻어 후 깍두기의 1/2정도 크기로 얇게 썰어 놓는다 썰어놓은 무우를 소금 으로 버물어 절인다 10분
- 절인 무우를 씻어 물기를 제거한다
- 미나리(1/4)를 손질하여 잎 부분은 거의 제거후 씻어 20등분으로 자른다 (쪽파(1/4)도 동일한 크기로)

- 청량고추(3), 홍고추(3)를 썰어 놓는다
- 사과, 배 각 1개씩 썰어놓은 무우 크기로 썰어 놓는다

② 물김치 육수 만들기

- 물 2리터에 다시멸치(10개), 다시마(1), 소금, 소주 넣고 끓인다 30분
- 끓여진 육수의 내용물을 제거 후 식힌다

③ 물김치 담기

- 식힌 육수에 무우, 미나리, 쪽파, 청량고추, 홍고추, 다진 마늘, 사과, 배 넣고 섞어준다
- 여기에 생수(2리터)를 부어 잘 섞어준다
- 간은 물과 소금으로 적당히 조절하여 넣어주면 완성
- 완성된 물김치는 바로 냉장 보관

열무얼갈이김치

준비재료

열무 1단, 얼갈이 1단, 쪽파, 부추 1단

마늘, 양파, 생강, 고추가루, 멸치액젓

새우젓, 굵은소금

매실액

조리순서

1 열무, 얼갈이 절이기

- 열무, 얼갈이 뿌리를 제거 후 4등분으로 자른다
  소금 으로 버무려 절인다 3시간
- 절여진 열무와 얼갈이를 2~3차례 헹궈어 물기를 뺀다
- 쪽파(1/3), 부추(1/3) 씻어 1/4정도 잘라 준비

② 열무 얼갈이 김치 양념 만들기(배추김치 양념의 1/4정도만 사용)

- 믹서기에 통마늘(20), 양파(1), 청량고추(5개), 붉은고추(5개), 생강🥄🥄🥄, 멸치액젓🥛, 새우젓🥄🥄, 매실액🥄🥄 모두 넣고 갈아놓는다
- 손질한 부추(1/2), 쪽파(1/2), 손가락 마디 길이로 잘라놓는다
- 잘라놓은 야채, 고추가루🥛🥛🥛, 갈아놓은 양념을 넣고 버무린다 골고루 버무리면서 걸죽하지 않으면 멸치액젓을 더 추가
- 걸죽해진 김치양념 완성 (짤 경우 생수🥛 넣어 섞음)

③ 열무 얼갈이 김치 담기

- 절인 열무, 얼갈이, 쪽파, 부추, 양념을 넣고 버무린다 김치통에 버무린 내용물을 담는다
- 실온에서 ⏱1일 정도 후 냉장보관, 완성

5. 나물(무침)

- 콩나물
- 시금치, 미나리

미역, 톳

오이, 가지

도라지, 고사리

- 배추, 무우

취나물, 참나물,

기타 산나물

콩나물 무침

준비재료

콩나물 1봉지

다진마늘, 대파

국간장

굵은소금(천일염)

조리순서

1. 콩나물 1봉지를 잘 씻는다

2. 냄비에 물 1리터와, 콩나물, 소금 넣고
뚜껑을 닫고 끓인다 5분

3. 물이 끓어 오르면 뚜껑을 열고 콩나물을 건져 낸다

4. 건져낸 콩나물에 다진마늘, 소금(1/2),
고추가루, 참기름 을 넣고 잘 버무리면 완성

5. 건져낸 후 남은 물에 청량고추(2), 마늘(1/3), 대파를
넣고 끓이면 콩나물국 완성

6. 간은 국간장으로

시금치, 미나리 나물

준비재료

시금치 1단, 마나리 1단

국간장

참기름

소금

조리순서

1. 물(1리터)을 끓인다
시금치 뿌리를 제거 후 끓는 물에 넣고 데친다 ⏱1분

2. 데쳐진 시금치를 건져내어 찬물에 2~3번 헹군다

3. 헹군 시금치를 손으로 물기를 짠 후
그기에 소금(1/3), 참기름🥄을 넣고 골고루 버무리면 완성

4. 미나리는 잎사귀를 적당히 제거 손질 후
끓는 물에 데친다 ⏱1분

5. 미나리를 건져 찬물에 2~3차례 헹구어 물기를 짜낸다

6. 미나리를 4등분 자른 후 국간장(1/2),
참기름으로 버무리면 완성

미역, 톳 나물

준비재료

미역(건), 미역(생), 톳

두부

참기름, 국간장

굵은소금(천일염)

조리순서

1 물(1리터)을 끓인다

2 생미역(건미역)을 통째로 끓는 물에 넣고 데친다 ⏲1분

3 데쳐진 미역이 연두색으로 변하면 건져낸다

4 건져낸 미역을 찬물에 세게 씻는다

5 줄기상단 부분을 잘라 버리고 줄기부분과 잎사귀 부분을 나누어 줄기부분 잘라 별도 보관

6 미역 잎사귀 부분을 잘게 잘라 국간장🥄, 마늘(1/2), 참기름🥄 넣고 버무리면 완성

7 줄기부분으로 초장으로 엔조이

❶ 톳 역시 끓는 물에 데쳐 건져내어 헹군다음

❷ 톳을 자른 후 두부(1/4), 국간장🥄, 마늘(1/2), 참기름🥄 무치면 완성

오이, 가지 나물

준비재료

오이 2-3개, 가지 2-3개

식용유, 다진마늘

참기름, 국간장, 진간장

굵은소금(천일염)

조리순서

1. 오이를 물에 깨끗이 씻어 양끝 2cm 정도 잘라낸다
2. 오이를 가로로 얇게 썰어 소금으로 절인다 ⏲20분
3. 절인 오이를 물에 한번 씻은 다음 프라이팬에 식용유🥄🥄를 달군 다음 오이를 넣고 볶은 다음 ⏲2분, 참기름(1/2) 넣고 살짝 볶으면 완성

1. 가지를 씻어 꼭지부분을 잘라, 가로(세로)로 손마디 길이로 자른다
2. 프라이팬에 식용유🥄🥄를 달군다, 가지와 마늘(1/2)를 넣고 볶는다 ⏲2분
3. 볶으면서 진간장🥄🥄, 물(1/4) 넣고 볶으면 완성
4. 자른 가지를 렌지를 이용 쪄내어, 마늘(1~2), 국간장🥄, 참기름🥄 같이 버무리면 가지무침 완성

도라지, 고사리 나물

준비재료

도라지, 고사리(건)

식용유, 국간장, 다진마늘

참기름, 들기름

굵은소금(천일염)

조리순서

1. 손질된 도라지를 소금물에 담근 ⏱10분 후
씻어 물기를 빼고 프라이팬에 식용유로 달구어
도라지를 넣고 볶는다 ⏱3분

2. 간은 국간장으로, 참기름🥄 넣고 한번 더
볶아내면 ⏱1분 완성

1. 고사리(건) 물에 담가 불린 ⏱2시간 후 삶는다 ⏱20분

2. 고사리를 짜서 물기를 제거 후 팬에 볶는다 ⏱3분

3. 간은 국간장으로, 참기름🥄 넣고
한번 더 볶아내면 ⏱1분 완성

나물류는 들기름으로 무치거나 볶아도 무방

배추, 무우 나물

준비재료

배추, 무우, 콩나물

다진마늘

참기름, 국간장

굵은소금(천일염)

핵심 포인트

▌무우나물, 콩나물은 한번만 끓여내면 완성

조리순서

1. 배추(1/4)을 끓는 물에 데쳐낸다.

2. 데쳐낸 배추를 찬물에 헹구어 잘게 썬다.

3. 물기를 없애고 참기름&, 국간장& 넣고 조물조물 무치면 완성

1. 무우(1/2)를 깨끗이 씻어 채 썰기를 한다

2. 냄비에 무우채를 담고 물을 붓고 소금(1/2), 참기름& 넣고 끓인다

3. 한번 끓여내면 완성, 무우와 물의 비율은 2대1임

여기에 콩나물을 같이 넣어 끓여도 좋음

취나물, 참나물, 기타 산나물

준비재료

취나물(건), 참나물(생), 기타 산나물

식용유, 참기름, 들기름, 다진마늘

국간장, 진간장

굵은소금(천일염)

조리순서

1. 취나물(건) 및 산나물(건)은 고사리(건) 나물과 조리방법은 유사함

2. 간은 국간장으로 들기름을 활용하는 것이 좋음

3. 참나물은 살짝 데쳐내어 물기제거 후 넣고 무쳐내면 완성

   간은 국간장과 참기름, 마늘(1/3)으로

6. 찜(탕)

소(돼지)갈비찜

돼지등뼈찜(감자탕)

꽃게찜(탕)

아구찜

코다리 찜(조림)

계란찜(말이)

닭도리탕, 닭백숙,
닭죽(개장)

소(돼지) 갈비찜

준비재료

소갈비, 돼지갈비

무우, 당근, 대파, 청량고추

진간장, 국간장, 설탕, 된장

굵은소금(천일염)

소주

핵심 포인트

▌핏물제거가 핵심

조리순서

1 갈비를 물에 담가 1차 핏물제거 30분

2 물에 핏물 뺀 갈비, 소금, 소주 넣고 끓인 후 갈비만 건져낸다

3 건져낸 갈비를 찬물로 헹군다

4 찜 냄비에 물(1리터), 자른 무우, 갈비, 마늘, 진간장(1/2컵), 설탕, 당근, 청량고추(3), 소주 넣고 끓이면서 한번씩 뒤집어 준다 30분

5 물이 1/2로 줄어 들면 대파, 참기름, 후추(1/2) 끓여내면 10분, 완성

6 간은 국간장으로

돼지갈비는 똑같은 방법이지만, 2 번에 된장(1/2) 추가하면 좋음

돼지등뼈 찜 (감자탕)

준비재료

돼지등뼈, 감자, 대파, 양파, 청량고추

들깨가루, 고추가루, 생강, 우거지

참기름, 국간장, 진간장

굵은소금(천일염)

소주

핵심 포인트

핏물제거가 핵심

조리순서

1. 돼지등뼈 물에 담가 1차 핏물제거 30분

2. 물에 핏물 뺀 등뼈, 소금, 소주 넣고 끓인 후 등뼈만 건져낸다

3. 건져낸 등뼈를 찬물로 헹군다

4. 냄비에 물(2리터), 등뼈, 감자(4개), 마늘, 된장, 진간장, 소주

5. 청량고추(3), 고추가루, 소금, 우거지(시래기) 넣고 끓인다 30분

6. 간은 국간장으로, 들깨가루, 후추(1/2) 넣고 한번 더 끓여주면 완성

꽃게 찜(탕)

준비재료

꽃게 1~2kg,

된장, 다진마늘, 양파, 대파

고추가루, 국간장

굵은소금(천일염)

소주

조리순서

1 꽃게를 치솔로 손질, 씻어, 등껍질을 깐 후 몸통을 2(4)등분하여 준비

2 냄비에 물(1/2리터), 된장, 마늘(1/3), 청량고추(2), 꽃게, 소주 함께 넣고 끓어오르면 양파(1/2), 대파(1)를 한번 더 끓인다 2분

3 간은 국간장으로 하면 꽃게탕 완성

꽃게찜은 꽃게 손질 후 찜통에 배가 위로 가도록 하여 쪄내면 10분 꽃게찜 완성

아구찜

준비재료

아귀 2~3마리, 콩나물, 조갯살, 미더덕

전분, 다진마늘, 고추가루

참기름, 국간장

굵은소금(천일염)

소주

조리순서

1 아귀 내장을 뺀 후 씻어 준비

2 궁중냄비에 물(1/2리터), 마늘, 소금(1/2) 넣고 끓인다

3 끓는 상태에서 손질한 아귀를 넣고 소주,
국 냄비(솥)에 끓임 5분

4 끓인 후 내용물(아귀)을 건져낸다

5 그 육수에 콩나물, 고추가루을 넣고 한번 끓으면

6 다시 내용물, 대파(2)를 넣고 끓이면서 전분물을
붓고 잘 버무린다

7 간 국간장으로, 마지막 참기름(1/3) 넣고 버무리면 완성

여기에 5번에서 조갯살, 미더덕 등을 추가 넣으면 좋음

코다리 찜(조림)

준비재료

코다리 2~3, 콩나물 1봉지

양파, 대파, 청량고추, 고추가루

참기름, 국간장, 진간장, 설탕

굵은소금(천일염)

소주

코다리 조림

❶ 자른 코다리를 씻어 준비

❷ 냄비에 물 1/2리터, 진간장, 국간장, 마늘, 양파(1), 설탕, 청량고추(3), 대파(2) 모두 넣고 끓이면서 졸인다

❸ 내용물을 잘 섞어주면서 졸이면 완성

조리순서

1. 자른 코다리(2)를 물에 불린다 30분

2. 궁중냄비에 물(1/2리터), 마늘, 소금(1/2) 넣고 먼저 끓인다

3. 끓는 상태에서 손질한 코다리 넣고 소주, 국 냄비(솥)에 끓임 5분

4. 끓인 후 내용물(코다리)을 건져낸다

5. 그 육수에 콩나물, 고추가루을 넣고 한번 끓으면 다시 내용물, 대파(2)를 넣고 끓이면서 전분물을 붓고 잘 버무린다

6. 간 국간장으로, 마지막 참기름(1/3) 넣고 버무리면 완성

코다리찜은 아귀찜 조리방법과 같음

계란 찜(말이)

준비재료

계란, 새우젓

양파, 대파

식용유, 국간장

굵은소금(천일염)

소주

조리순서

① 계란 3~5개를 용기에 새우젓(1/2) 넣고 잘 풀어준다

② 여기에 물(1/2컵) 넣고 다시 잘 저어준다

③ 밥을 할 때 밥솥 밥물 위에 계란 풀은 용기를 함께 넣고 취사를 누른다

④ 밥이 완료되어 용기를 들어내면, 완성

❶ 계란말이는 풀어준 계란용기에 양파(1/2), 대파(1) 잘게 다져 넣고

❷ 잘 저어준 다음, 식용유로 달구진 팬에 중불로 계란물을 1/3을 넣고

❸ 살짝 익으면 주걱으로 말면서 팬을 기울여 다시 1/3을 넣고

❹ 계란을 말아가면서 같은 방법으로 조리하면 완성
내부가 익지 않을경우를 대비,
전자레인지에 ⓐ1분정도 데우면 안전

닭도리탕(백숙), 닭죽, 닭개장

준비재료

양배추 1통

마늘, 양파, 생강, 고추가루, 멸치액젓

새우젓, 굵은소금

매실액, 청량고추, 홍고추

조리순서

1. 닭도리탕

- 닭을 씻어 채에 받혀 물기제거, 당면 물에 불림, 준비
- 감자(3), 당근(1/2), 양파(1), 대파(1) 한입크기로 잘라 준비
- 냄비에 식용유(1)를 달군 다음 닭, 소주 넣고 살짝 볶는다 2분
- 여기에 물(1리터)을 붓고,감자, 양파, 청량고추(3), 고추장, 진간장, 국간장, 마늘, 설탕 모두 넣고 끓인다 15분
- 감자를 찔러 익었다 싶으면 당면, 고추가루 넣고 더 끓인다 3분
- 간은 국간장으로, 약간 걸죽해지면 완성

② 닭백숙(삼계탕은 동일)

- 백숙용 닭을 씻은 후 닭속 안에 통마늘(10개), 대추(3), 깐밤(3) 삽입
- 백숙용 부자재(1봉), 닭, 소금, 소주, 물은 닭이 80% 잠길 정도 붓고 끓임 30분
- 중간에 닭다리, 가슴을 젓가락으로 찔러 핏물이 나오지 않는 상태에서 한번 더 끓이면 5~10분 완성

③ 닭죽

- 백숙완료 후 내용물을 전부 건져내어 버린다
- 양파(2), 대파(2), 당근(1), 감자(2) 등을 잘게 썰어둔다
- 찹쌀 , 백미을 물에 불린다, 찬밥을 이용해도 됨
- 백숙육수에 야채, 불린쌀, 자투리 닭고기 잘게 찢어 넣고 끓임 20분
- 걸죽해지면 완성, 간은 굵은 소금으로

④ 닭개장

- 백숙육수와 찢은 닭고기, 고사리, 우거지, 느타리, 청량고추, 마늘, 양파, 국간장, 고추가루 등을 넣고 끓이면 완성

7. 조림(볶음)

생선조림(찌개)	연근, 우엉, 죽순 조림

- 소(돼지)고기 장조림
- 오징어(낙지)볶음

검정콩 조림

- 감자양파, 애호박볶음
- 멸치볶음

생선 조림(찌개)

준비재료

가자미, 뱅어 등 생선류, 무우, 감자

양파, 대파, 소고기, 조개류, 큰조개 : 택1

참기름, 국간장

굵은소금(천일염)

소주

조리순서

1. 가자미(3), 뱅어(5) 등 비늘 및 내장 제거 손질하여 칼집을 내어준다

2. 냄비에 자른 무우를 깔고 생선, 진간장, 마늘, 설탕, 소주

3. 청량고추(2), 양파(1), 생강(1/2), 물(1/3리터) 넣고 졸이면 완성

4. 간으로 국간장으로, 여기에 감자(1), 당근(1/2)을 추가하면 좋음

1. 생선찌개는 생선을 손질하여 칼집을 낸다

2. 냄비에 얇게 자른 무우를 깔고 물 붓고 바글바글 끓기 시작하면

3. 생선, 소주, 식초, 고추가루, 마늘(1/2), 청량고추(2), 양파(1/2), 국간장 넣고 끓인다 10분

4. 다시 대파(2), 후추(1/4) 넣고 한번 더 끓여내면 완성 간은 국간장으로

소(돼지)고기 장조림

준비재료

고기 1근(600g), 양파, 통마늘

청량고추, 대파, 표고버섯, 생강

참기름, 국간장, 진간장, 식초, 설탕

굵은소금(천일염)

소주

핵심 포인트

▌핏물제거와 소주, 생강이 필수

조리순서

1 장조림용(소, 돼지) 고기(1근, 600g)을 2~4등분 잘라 준비

2 고기를 물, 식초🥄에 담가 핏물을 완전 제거 후 물기를 뺀다

3 냄비에 고기, 소주🥛, 통마늘(10), 양파(1), 청량고추(3), 진간장(1/2컵)

4 대파(3), 표고버섯(3), 생강(1/2), 설탕🥄🥄🥄, 국간장🥄, 물을 붓고 끓인다

5 물의 양은 고기가 잠길 정도로 끓여 졸인다
물이 1/2 줄때까지

6 끓인 후 고기를 건져내어 식혀 먹기 좋게 잘게 찢거나, 썬 후

7 다시 육수냄비에 넣고 다시 한번 끓이면 완성

8 간은 국간장으로

검정콩 조림

준비재료

검정콩 200g,

매실액, 설탕, 물엿, 통깨

참기름, 국간장, 진간장

굵은소금(천일염)

핵심 포인트

콩을 먼저 물에 불린다

조리순서

1 검정콩 3컵정도 물에 불린다 약1시간

2 냄비에 불린 콩을 넣고 진간장(1/2컵), 소금을 넣고 푹 끓인다

3 약 20분정도 끓인 후 매실, 설탕(1/2컵) 넣고 다시 20분간 끓인다

4 콩을 먹어보고 익었고 간이 맞으면 마지막으로 물엿 1/2컵을 넣고

5 한번 끓여서 통깨를 넣고 잘 버무리면 완성

6 대두, 일반 콩종류 조림도 같은 방법으로

멸치 볶음

준비재료

멸치(중), 다시멸치

견과류, 꽈리고추, 마늘

참기름, 국간장, 진간장

굵은소금(천일염)

소주

핵심 포인트

▌ 멸치는 찬물에 한번 헹구어 물기제거

조리순서

1. 볶음멸치 를 물에 한번 헹구어 채에 받혀 물기제거

2. 팬에 식용유를 달군 다음, 중불로 청량고추(5),
멸치 넣고 볶는다 1분

3. 볶으면서 진간장, 설탕, 물엿 살짝 볶으면 완성

4. 옵션1 : 여기에 견과류 1/2컵 넣고 볶으면 견과류멸치볶음

5. 옵션2 : 여기에 꽈리고추를 넣고 볶으면(물엿 제외)
꽈리멸치볶음

6. 옵션3 : 다시멸치를 내장, 뼈, 머리를 제거 후
2번에서 마늘(1/2), 고추장, 설탕, 참기름(1/3)
넣고 볶으면 고추장 멸치볶음

연근, 우엉, 죽순 조림

준비재료

연근, 우엉, 죽순, 소고기

설탕, 물엿, 통깨

참기름, 국간장, 진간장

굵은소금(천일염)

소주

핵심 포인트

▌물엿은 빛깔 내는데 사용

조리순서

1 연근 2개를 껍질을 벗겨내고 가로로 얇게 썰어
소금물에 담가둔다

2 냄비에 연근, 국간장, 진간장(1/2컵),
물(1/2리터)를 넣고 끓여줌

3 물이 반으로 줄어들면, 설탕(1/3컵), 매실액,
물엿 넣고 끓여줌

4 잘 섞어 5분 정도 끓여주고 통깨 뿌려주면 완성

1 우엉 2개 껍질을 벗겨내고 어슷하게 얇게 썰어
소금물에 담가둔다

2 그 이후 방법은 연근조림과 같음

죽순조림도 방법은 같지만 장조림용 소고기 100g 정도
잘게 썰어 핏물제거 후
같은 방법(소주 첨가)으로 끓여 졸인다

오징어(낙지) 볶음

준비재료

오징어 2미, 낙지, 쭈구미, 양배추

양파, 청량고추, 대파, 마늘, 고추가루

참기름, 국간장, 진간장, 고추장

굵은소금(천일염), 찹쌀가루

핵심 포인트

- 마지막에 참기름으로 마무리

조리순서

1. 오징어 2마리 손질하여 가로로 10등분으로 썬다

2. 궁중팬에 식용유로 달구어 양파(1), 양배추(1/6), 마늘(1), 청량고추(3)

3. 대파(1) 등 각종 야채를 넣고 볶는다 ⏱1분

4. 볶은 야채에 물(1/3컵), 진간장🥄, 국간장🥄, 오징어, 고추가루🥄🥄를 넣고 볶으면서 ⏱2분, 참기름🥄 넣고 잘 섞어내면 완성

낙지(쭈꾸미)볶음은 방법은 같으나 고추장🥄을 추가하여 볶은 다음 찹쌀가루 푼 물(1/3컵)로 한번 끓여내면 완성

감자양파, 애호박 볶음

준비재료

감자, 양파, 애호박, 청량고추

식용유, 꽃소금, 된장

참기름, 국간장, 진간장

굵은소금(천일염)

조리순서

1. 감자(3), 양파(1), 청량고추(3) 손질하여 채썰기를한다

2. 궁중팬에 식용유🥄🥄🥄로 달군 다음 내용물을 넣고
볶는다 ⏲3분

3. 볶으면서 꽃소금🥄 뿌리면서 볶아 ⏲2분 내면, 완성

피망 볶음 역시 같은 방법으로

❶ 애호박 볶음은 가로 얇게 썬 다음 반달모양으로 썰어 준비
한다

❷ 달군 팬에 호박, 마늘(1/2), 중멸치(1/3컵), 넣고 볶는다

❸ 된장🥄+물(1/3컵) 풀어, 볶은 팬에 넣고
한번 끓으면 완성

❹ 마지막에 참기름(1/2) 둘러주면 더 맛있음

8. 구이

생선구이

소고기, 돼지고기구이

바다장어,

민물장어구이

생선구이

준비재료

생선(조기, 갈치, 민어 등)

식용유, 겨자(와사비)

참기름, 국간장, 진간장

굵은소금(천일염)

핵심 포인트

▌냉동생선은 완전히 녹여서 조리한다

조리순서

1. 생선 손질 후 양쪽으로 칼집을 낸다
2. 팬에 식용유로 달군 팬에 생선에 소금을 뿌리면서 구워낸다
3. 팬에 뚜껑을 덮고 구우면 빨리 구울 수 있다, 완성
4. 구운 생선을 접시에 올려 전자레인지에서 30초 정도 돌리면 완전히 속까지 익힐 수 있다
5. 생선구이 장은 진간장, 물(1/4), 와사비와 섞어 만들면 완성

소고기, 돼지고기 구이

준비재료

소고기, 돼지고기

대파, 통마늘, 양파, 와사비

참기름, 국간장, 꽃소금, 다진마늘

굵은소금(천일염)

핵심 포인트

냉동고기는 반드시 녹여서 조리한다

조리순서

1. 팬에 식용유 로 달구어 소고기를 구워낸다

2. 고기 전체를 구워 다음 가위로 자른다

3. 소고기는 전체의 80-90% 정도로 굽는다

4. 돼지고기 구이도 같은 방법이지만

5. 돼지기름을 닦아내면서 100% 굽는다

6. 고기를 다 구운 다음 팬에 남은 기름으로 김치, 마늘 구워 곁들인다

7. 고기를 구울 때 소금을 약간 뿌리면서 구워내면 좋음

8. 대파 무침을 곁 드리면 금상첨화

바다(아나고)장어, 민물장어 구이

준비재료

장어(민물, 바다)

양파, 생강, 매실

참기름, 국간장, 진간장

굵은소금(천일염)

소주

핵심 포인트

- 냉동은 반드시 해동 후 조리

- 식초물(식초, 물)에 한번 씻어 사용하면 식중독 예방

조리순서

1. 팬에 호일 깔고 식용유를 살짝 달군 다음 손질된 장어를 굽는다

2. 간장소스: 진간장(1/2컵), 양파즙, 설탕, 마늘, 참기름, 소주

3. 고추장소스: 고추장, 마늘, 진간장, 양파즙, 매실, 참기름

4. 초벌구이 후 원하는 소스를 양쪽으로 바르면서 2번 정도 구워낸다

5. 생강은 채를 썰어 소스와 곁들이면 좋음

9. 양념

초장, 막장, 쌈장, 양념장

달래양념비빔장

조개양념장(구이)

초장, 막장, 쌈장, 양념장

준비재료

고추장, 된장, 대파, 쪽파

마늘, 매실액, 식초, 설탕

참기름, 국간장, 진간장

멸치액젓

조리순서

1. 초장

   고추장, 식초, 다진마늘, 매실액,
   참기름, 설탕

2. 막장

   고추장, 된장, 다진마늘, 대파(쪽파)(1),
   참기름

3. 쌈장

   막장에다, 청량고추, 대파(쪽파) 첨가

4. 양념장(쌈장)

   진간장, 국간장, 멸치액젓, 물,
   다진쪽파(3), 다진양파(1/2), 다진청량고추(2),
   다진마늘, 참기름 등을 넣고

5. 뚝배기에 끓여내면 5분 완성

달래양념비빔장

준비재료

달래, 청량고추

다진마늘, 멸치액젓, 깨소금

참기름, 국간장, 진간장

핵심 포인트

달래장은 반드시 냉장보관

조리순서

1. 달래 1묵음을 씻어낸 후 잘게 썬다
2. 달래, 다진마늘(1/2), 멸치액젓(1/2), 국간장, 생수, 깨소금, 다진청량고추(3), 참기름 모두 넣고 잘 섞어준다
3. 간은 물과 국간장으로 맞추면 완성

조개양념장(구이)

준비재료

큰조개(5), 양파, 청량고추

된장, 대파

참기름, 국간장

핵심 포인트

▌ 큰조개(대합) 없으면, 바지락살 대신해도 무방

조리순서

1. 손질한 큰조개를 다진다

2. 여기에 다진양파(1개), 청량고추(3), 된장, 참기름, 다진대파(1)

3. 뚝배기에 물(1/4컵)과 같이 넣고 잘 섞는다

4. 오븐에서 조리하면 좋지만, 없으면 전자렌지에서 끓으면 10분 완성

10. 분식

수제비 칼국수

● 짜장면 ● 샌드위치, 토스트

물(잔치), 비빔 국수 핫도그, 감자 사라다

수제비

준비재료

다시멸치, 밀가루, 감자, 애호박, 계란

조개류, 다시마, 식용소다, 식용유

참기름, 국간장

굵은소금(천일염)

조리순서

1 밀가루 반죽

- 밀가루 , 소금 , 소다(1/2), 식용유 , 계란(1) 골고루 섞어 후 물 을 붓고 반죽한다 10분
- 물 조절로 묽지 않게 반죽한다
- 완성된 반죽은 비닐에 써서 냉장 보관 1시간

② 멸치육수

- 물(2리터), 다시멸치(10), 국간장 ♀♀♀, 청량고추(3), 소금 ♀, 다시마(2) 모두 끓인다 ⏲20분
- 끓은 후에 그물망으로 모두 건져내어 버림

③ 수제비

- 끓은 물에 적당히 썬 감자, 조개류, 애호박을 넣은 다음 바로 밀가루 반죽을 손으로 떼어서 넣는다
- 반죽을 모두 넣고 난 후 한번 끓어오르면 국간장으로 간한다

④ 국자 한두번 저어주고 한번 더 끓고 나면, 완성

짜장면

준비재료

생면, 짜장, 양파, 감자, 돼지고기

식용유, 전분, 단무지

참기름, 국간장

조리순서

1 짜장소스

- 궁중팬에 식용유(1/2컵), 짜장을 넣고 먼저 볶는다 ⏲5분
- 여기에 잘게 썬 돼지고기(200g), 감자(3), 양파(2),
- 양배추(1/10) 넣고 볶은 다음

- 물(1리터)을 붓고 한번 끓임
- 그다음 전분물 전분, 물 을 붓고 저으면서 끓인다
- 걸죽해지면 완성

② 생면

- 냄비에 물(2리터)를 끓인다
- 끓는 물에 생면을 넣고 다시 끓인다 5분이상
- 건져내어 찬물로 비비면서 3차례 행구어 물기에 뺀다

③ 짜장면

- 면그릇에 삶은 면을 올리고 짜장소스를 넣고
- 오이채와 고추가루(기호) 약간첨가, 모두 비비면, 완성

물(잔치), 비빔 국수

준비재료

국수건면, 청량고추, 애호박, 조개

다시멸치, 다시마, 양파, 매실액

참기름, 국간장, 진간장

굵은소금(천일염)

조리순서

1 국수 삶기

- 끓는 물에 국수를 넣고 잘 저으면서 끓으면 ⏲5분
  건져내어 찬물에 비벼 헹구어(4번정도) 내어 물기를 뺀다

2 멸치육수

- 물(2리터), 다시멸치(10), 국간장 ♀♀♀, 청량고추(3),

소금🥄, 다시마(2)

모두 끓인다 ⏱20분

- 끓은 후에 그물망으로 모두 건져내어 버리고
- 어묵채, 양파채, 애호박채 등을 넣고 한번 끓여내면 완성

③ 고명만들기

- 김치를 꼭 짜서 잘게 썰어 참기름🥄, 고추가루🥄 묻힌다
- 계란물을 팬에 구워 채를 썰면 고명
- 양념장 : 진간장🥄🥄🥄, 고추가루🥄, 대파(1), 참가름🥄
- 비빕장 : 양념장에 고추장🥄🥄, 매실액🥄, 다진마늘(1/2)
- 비빔국수 고명은 오이채, 양배추채혹은 열무 등를 넣으면 완성

핵심 포인트

국수는 삶는 중간에 찬물 1컵을 붓고 끓이면 쫄깃한 면

칼국수

준비재료

칼국수생면, 청량고추, 애호박, 조개

다시멸치, 다시마, 양파, 매실액, 감자

참기름, 국간장, 진간장

굵은소금(천일염)

조리순서

1. 칼국수생면

- 찬물에 생면을 한번 씻어 한번 끓인 후에 육수에서 다시 끓임

2. 멸치육수

- 물(2리터), 다시멸치(10), 국간장, 청량고추(3), 소금, 다시마(2) 모두 끓인다 20분

- 끓은 후에 그물망으로 모두 건져내어 버리고

3. 감자채, 양파채, 애호박채, 조개, 면 모두 넣고 한번 끓여내면 완성

샌드위치, 토스트 핫도그, 감자 사라다

준비재료

토스트 식빵, 소시지, 양파, 오이

케첩, 마요네즈

조리순서

① 토스트 핫도그

- 토스트 빵를 굽는다 ⏲1분
- 소세지(햄)을 삶는다
- 빵에 소세지, 양파채, 오이채, 케찹, 마요네즈 뿌리면 완성

② 계란 샌드위치

- 샌드위치 빵 가장자리를 잘라내어 2등분 한다
- 계란(3개), 소금을 넣고 계란물을 만든다
- 팬에 식용유를 두르고 빵을 계란물을 충분히 담궈 굽는다, 완성

③ 감자 사라다

- 삶은감자(4), 삶은계란(3개), 옥수수통조림(1), 마요네즈(5) 넣고 감자, 계란을 잘게 으깨어 섞는다, 완성

11. 튀김(전)
& 기타

고추튀김

문어숙회

김치, 부추, 쪽파 전

카레(소고기, 돼지고기)

야채 쌈, 고기 수육

고추튀김

준비재료

고추, 대파, 양파, 청량고추, 두부

돼지고기

식용유, 전분(밀가루)

참기름, 국간장

튀김가루

핵심 포인트

▌튀김 팬이 달구어지면 중불로 조절하면서 조리

조리순서

1. 풋고추(20)를 한쪽면을 갈라 씨, 심지를 걷어내어 씻어 놓는다
2. 아주 잘게 다진, 고기, 다진청량고추(5), 다진양파(1), 다진대파(1)
3. 고추 속에다 내부소를 잘 채워 밀가루(전분)를 묻혀둔다
4. 튀김밀가루 , 물 넣고 잘 섞어 튀김반죽물을 만든다
5. 궁중팬에 식용유(1리터) 넣고 끓인다.
6. 반죽물을 약간 넣어 끓어오르면 튀김 시작준비 완료
7. 튀김 옷을 입힌 고추를 반죽믈에 담가 기름을 팬에 넣고 튀기면 완성

7\. 튀기면서 고추 겉모양이 약간 노란색을 띄면 걷어내어 키친 타올 위에 놓아 기름제거 후 완성

김치, 부추, 쪽파 전

준비재료

김치, 돼지고기, 오징어, 청량고추

식용유, 부침가루, 밀가루

참기름, 국간장

조리순서

1. 김치, 돼지고기(오징어) 잘게 썬다

2. 다진 청량고추(3), 부침가루, 계란(1), 김치국물(1/2컵) 모두 섞는다

3. 팬에 식용유를 넣고 달군 다음, 부침내용물을 넣고 지지면 완성

4. 부추, 쪽파전도 동일

야채쌈, 고기수육, 문어숙회

준비재료

호박잎, 우엉잎 양배추, 얼갈이잎

소고기, 돼지고기,

문어, 대파

참기름, 국간장

커피가루, 녹차잎

굵은소금(천일염), 월계수잎

소주

핵심 포인트

고기수육은 냄새제거와 삶는 시간이 중요

조리순서

1 야채쌈

호박잎, 양배추, 우엉잎, 얼갈이잎 등을 끓는 물에 대쳐낸다
데쳐낸 야채 쌈과 양념장과 함께하면 완성

2 돼지고기 수육

수육용 돼지고기(덩어리), 소금, 대파(2), 녹차잎,
커피가루(1/2), 월계수잎, 소주 모두 넣고
삶아내면 30분, 완성
물은 고기가 잠길 정도 양

3 문어수육(숙회)

문어가 완전 잠길 정도 물에, 소금, 설탕,
소주 넣고 끓인다
먼저 문어 먹물을 제거후, 물에 밀가루 를 넣고
빨아 행군다
깨끗이 행군 문어를 끓는 물에 넣고 2~3분 후에
건져낸다, 완성

카레(소고기, 돼지고기)

준비재료

매운카레

돼지고기, 감자, 당근, 양파

식용유

후추가루

핵심 포인트

▌농도 조절은 카레가루와 물로 한다

조리순서

1. 카레냄비에 청량고추(4), 물(2리터) 를 넣고 끓인다 ⏲10분

2. 감자(3), 당근(1), 양파(2), 돼지고기(200g) 등 깍뚝 썰어 놓는다

3. 카레냄비에 끓인 물을 받아 별도 용기에 물만 담는다

4. 그 냄비에 물기제거 후 식용유를 달군 다음 ❷를 볶는다 ⏲5분

5. 거기에 별도 담은 끓인 물을 붓고 끓이면서

6. 카레가루를 넣고 저으면서 농도 조절을 한다

7. 마지막에 후추가루(1/2) 넣고 걸죽해지면 완성

본 기고는

사랑하는 딸이 시집가는 날을

위하여 수년 전부터

'집밥 레시피'라는 명목으로

조금씩 메모한 내용을

정리하였습니다.

사람마다 지방마다 가정마다

각자 선호하는

입맛이 다 다름을

인지하였으면 하며,

오로지

본인이 직접 조리한 경험이므로

이점을 참고하여

음식에 대한 기호에 따라

약간씩 응용하여 조리하면

도움이 될 듯합니다

언제나 맛있는 식사와 더불어

행복한 가정과 건강한 모습으로

항상 기분 좋은 나날이 되기를

진심으로 기원합니다.

2018년 초여름 늦은 밤에 임용일